Margret Rettich

Jens spielt Fußball

Loewe

H

Manchmal ist Jens richtig 

wütend. Denn er wird oft

von den anderen geärgert. Dabei

kann er doch nichts dafür, dass er

kleiner ist als andere 

und dass er kürzere  hat. Aber

ein paar freche  rufen immer

hinter ihm her: „Jens, du  !“

Denn  haben ja kurze .

Jens hat zwar kurze , aber sie sind kräftig. Wenn Jens wütend ist, tritt er mit seinen kurzen  gegen alles, was er findet. Gegen , gegen , sogar gegen .

Als die  ihn wieder ärgern,

trampelt Jens wütend gegen einen

, der da liegt. Der  fliegt über

einen  und fliegt einem 

genau an den .

Jens ist sehr erschrocken. Er rennt

schnell weg. Der  ist schneller.

Er holt Jens ein, packt ihn an der

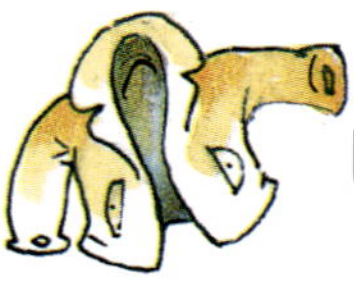 und ruft: „Halt, bleib stehen!“

Jens stottert: „Es tut mir Leid.“

Der  sagt: „Und mir tut der  weh von deinem .“ Dann guckt er Jens an und fragt: „Was ist mit dir?“

Jens sagt: „Ich war wütend, alle ärgern mich. Sie nennen mich , weil ich so kurze  habe.“-„Damit kannst du aber gut treten“, sagt der , „und schnell rennen kannst du auch. Du solltest  spielen.“

Daran hat Jens noch nie gedacht.

Sein Papa sitzt immer vor dem 

und sieht sich  an. Einmal hat er

Jens sogar zum  mitgenommen.

Aber das hat Jens gar

nicht so gut gefallen.

„Ich finde  langweilig“, sagt Jens.

„Du bist kein , du bist ein “,

sagt der  und lacht. Dann sagt

er noch: „Morgen trainiere ich mit

anderen  auf dem

 .

Komm einfach hin und mach mit!“

Daheim erzählt Jens, was der  gesagt hat. Papa und Mama freuen sich und sind gleich dafür.

Jens denkt im  lange darüber nach. Kann er mit seinen kurzen  überhaupt  spielen?

Er könnte es ja mal versuchen.

Auf dem 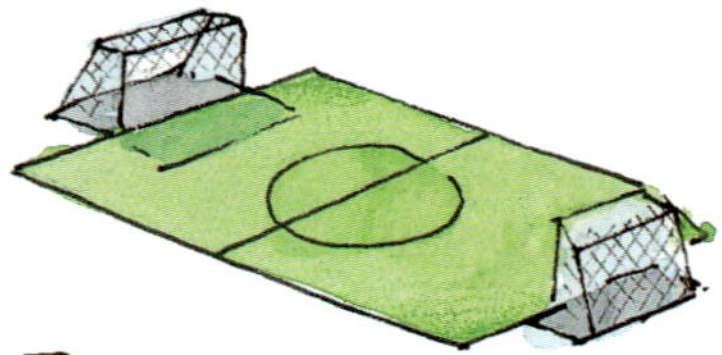 warten schon ein paar . Sie fragen: „Bist du neu? Wie heißt du?"-„Ich bin Jens", sagt Jens. Der nette  von gestern ist auch da. Jetzt hat er ein , eine kurze  und  an. Er sagt zu Jens: „Schön, dass du gekommen bist. Ich heiße Klaus und trainiere euch, damit ihr gute  werdet."

Dann klatscht er in die 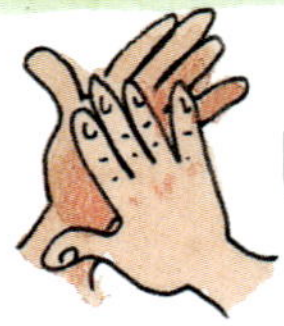 und ruft:

„Es geht los!“ Erst müssen alle um

den 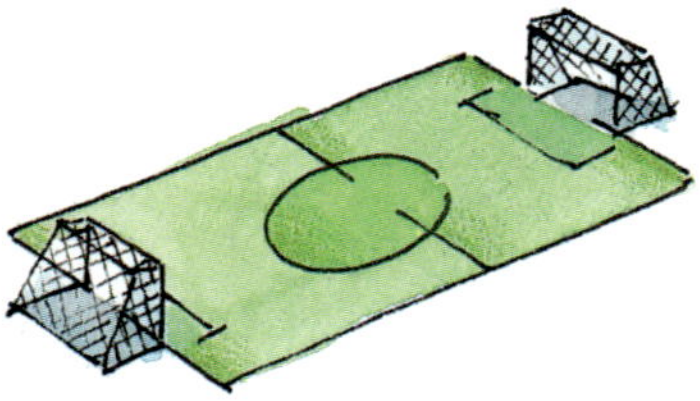 rennen, so schnell

sie können. Jens ist am schnellsten.

Er hat es zuerst geschafft.

Nun legt Klaus den  ins .

Alle sollen ihn treten, so kräftig sie

können. Bei Jens fliegt der 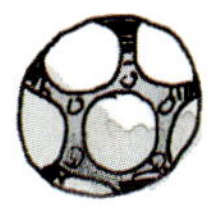

ganz weit, fast in die . Klaus

sagt: „Das hast du gut gemacht!“

Dann müssen sich die  den

 zuspielen und sollen ihn ins 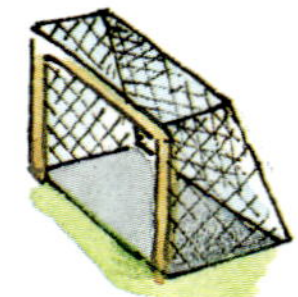

schießen. Das geht meist daneben.

Jens schwitzt so, dass sein  ganz nass ist. Endlich pfeift Klaus auf einer  und ruft: „Genug für heute!“

Alle 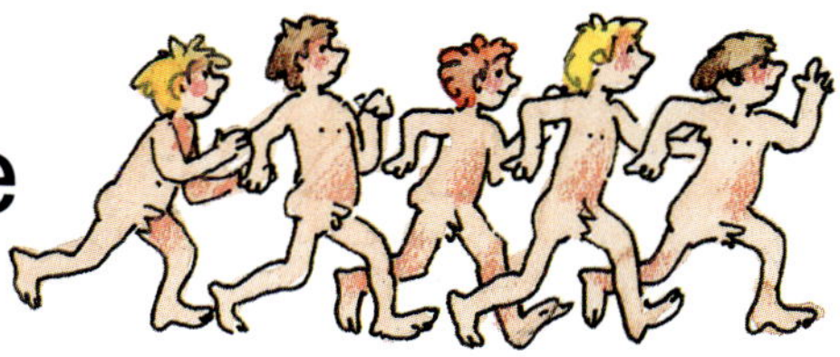 gehen unter die  und dann heim.

Im  ist wieder 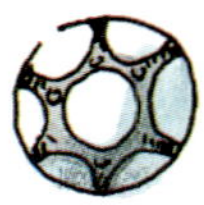. Jens setzt sich neben Papa, und Papa muss ihm genau erklären, was die  machen. Jens findet  nicht mehr langweilig. Er freut sich nun immer, wenn er trainieren kann.

Manchmal kommt Papa mit und

guckt zu. Wenn Jens am  ist,

schreit Papa jedes Mal ganz laut.

Das ist Jens ein bisschen peinlich,

aber Klaus und die  lachen.

Papa übt weiter mit Jens. Er legt ins  zwei leere . Das ist das 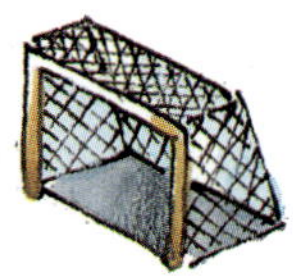. Jens muss den  zwischen die  schießen. Einmal fliegt der  durch das  ins . Mama guckt raus und schimpft: „Hört endlich auf!“

Und dann sagt Klaus: „Übermorgen

werden wir richtig 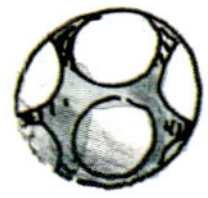 spielen."

Er verteilt gelbe  und blaue

. Alles ist für Jens viel zu groß.

Mama nimmt 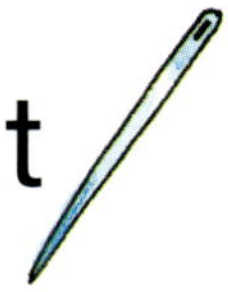 und 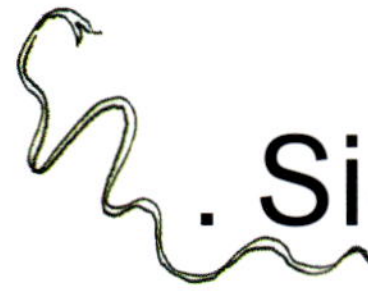. Sie macht das  enger und die 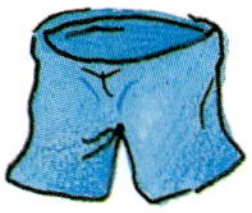 kürzer.

Mama und Papa kommen mit. Viele  sind schon da. Sie stehen rund um den  herum.

Jens sieht, dass die frechen  auch da sind. Sein  klopft, und er denkt: „Hoffentlich rufen sie nicht , wenn sie mich sehen!“

Die anderen , gegen die

sie spielen werden, sind mit einem

angekommen. Aber erst spielen

draußen die großen .

Sobald sie ein 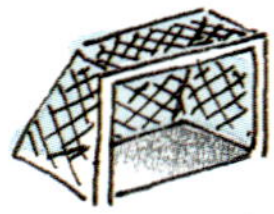 schießen, jubeln

alle : „TOOOOR!“

Wenn sie vorbeischießen, schreien

alle : „Buuuh!“

Als die  nun hinauslaufen und sich aufstellen, fehlt Jens. Er hat sich versteckt. Die frechen  sollen ihn nicht entdecken. Klaus findet ihn und sagt: „Komm, wir fangen an!“-„Mir ist so schlecht“, sagt Jens. Aber Klaus sagt: „Das stimmt nicht!“ Da wird Jens auf Klaus so wütend wie auf die .

Er rennt nach draußen und tritt so

kräftig gegen den , dass er ein

 nach dem anderen schießt.

„TOOOOR!“, rufen alle jedes Mal.

Weil er die meisten 

geschossen hat, darf Jens den 

entgegennehmen. Dann laufen alle

noch einmal rund um den .

Als Jens an den frechen 

vorbeiläuft, guckt er einfach weg.

Später warten die  auf Jens.

Sie geben ihm die 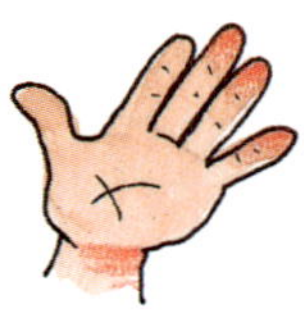 und sagen:

„Jens, wir gratulieren dir.“

„Bin ich kein  mehr?“, fragt

Jens erleichtert. Da rufen die :

„So was sagen wir nie wieder!

Niemand spielt so gut  wie du!“

Die Wörter zu den Bildern:

Kinder

Bein

Mädchen

Dackel

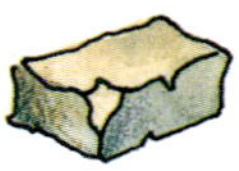

Stein

Mülltonne

Auto

Apfel

Busch

Mann

Kopf

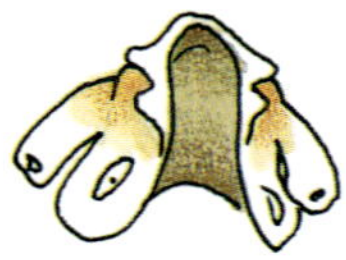

Jacke

Fußball

Fernseher

Schaf

Jungen

Fußballplatz

Bett

T-Shirt

Hose

Fußballschuh

Fußballspieler

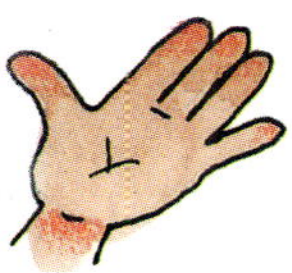

Hand

Gras

Wolke

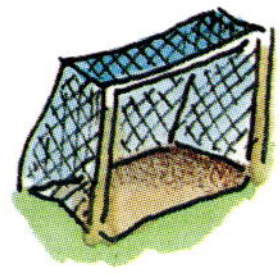

Tor

Trillerpfeife

Dusche

Dose

Fenster

Haus

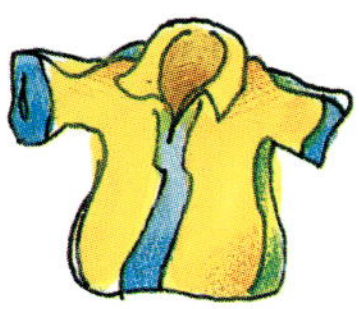

Trikot

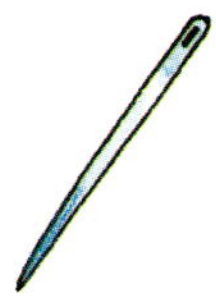

Nadel

Faden

 Zuschauer

 Bus

 Herz

 Pokal

Margret Rettich stammt aus Pommern. Sie studierte Grafik an der Kunsthochschule in Erfurt. Seit 1960 lebt sie in einem Dorf in Niedersachsen mit mehreren Katzen und ihrem Mann Rolf. Gemeinsam arbeiten beide für das Kinderfernsehen und illustrieren Bücher. Margret Rettich denkt sich auch Geschichten dazu aus. Mehrere ihrer Bücher wurden mit internationalen Preisen und von der Stiftung Buchkunst ausgezeichnet. Für das Bilderbuch „Die Reise mit Jolle“ bekam Margret Rettich 1981 den Deutschen Jugendliteraturpreis.

Dieses Buch wird auf chlorfrei gebleichtem Papier gedruckt.

Die Deutsche Bibliothek – CIP-Einheitsaufnahme

Rettich, Margret:
Jens spielt Fußball / Margret Rettich
– 1. Aufl. – Bindlach : Loewe, 1999
(RiRaRutsch)
ISBN 3-7855-3520-1

ISBN 3-7855-3520-1 – 1. Auflage 1999

Umschlagzeichnung: Margret Rettich
Umschlaggestaltung: Karin Roder

RiRaRutsch

Mit Bildern lesen und lernen

Besuch für Tom und Mia

Vom Huhn, das so allein war

Jule kommt zur Schule

Der Hut ist für den Kopf

Der kleine Hase sucht einen Freund

Molli kann zaubern

Fünf Kätzchen im Korb

Wo bleibt der Weihnachtsmann?

Das ganz kleine Gespenst

Benni hat Geburtstag

Heute wird gehext

Wo wohnt der Osterhase?

Luzie reißt aus

Wir kriegen ein Baby

Seeräuber Pitt

Winni, der kleine Indianer

Lisa im Kindergarten

Auf der Straße hin und her

Gute Nacht, Tommi

Besuch bei Oma

Zehn kleine Hundekinder

Hanna lernt lesen

Briefe an Ole

Der kleine Ritter Kuni

Peter lernt die Uhr

Das Apfelpony

Mit Nanni durch das Jahr

Loewe